Carnet du certificat d'études

Sommaire

Éditorial

Sanctionnant la fin de l'enseignement primaire, le certificat d'études est aujourd'hui encore dans toutes les mémoires. Il aura duré plus de cent ans ! Institué par la loi Jules Ferry du 28 mars 1882, il est officiellement supprimé en 1989.

Pour les couches populaires, il est le sésame qui permet de monter dans l'échelle sociale. Et ce n'est pas facile ! À la veille de la Seconde Guerre mondiale, seuls la moitié des inscrits réussissent l'examen.

Pour des générations d'écoliers, ce diplôme aura marqué la fin de leur enfance. Le certif' en poche, on découvre le monde du travail. Les plus chanceux poursuivent dans l'enseignement primaire supérieur. Ce carnet vous présente aujourd'hui dix épreuves

complètes et leurs corrigés de l'année 1954.
À l'époque, l'examen se déroule en une journée et couvre huit matières : français, calcul, sciences, histoire et géographie, calcul mental, lecture, chant (ou récitation), dessin (ou travaux manuels ou couture).

L'épreuve de français comprend une rédaction (d'une durée de 50 minutes, notée sur 10 points avec deux sujets au choix), une dictée d'environ 100 à 150 mots (10 points) et trois questions (compréhension générale, explication d'une expression et grammaire, évaluées sur 10 points). Les élèves disposent de 50 minutes en tout pour réaliser la dictée et les questions.

L'épreuve de calcul (50 minutes) consiste en deux exercices ou problèmes de 8 et 12 points.

Les sciences et l'histoire-géographie (20 minutes accordées à chacune des deux matières) sont notées sur 10 points.

Le barème des épreuves de calcul mental (cinq questions), de lecture, de chant ou récitation comporte 5 points, tandis que le dessin, les travaux manuels ou la couture (50 minutes) sont notés sur 10 points. Enfin, l'écriture est évaluée sur 5 points.

Pour être reçu, chaque candidat doit obtenir la moyenne à l'ensemble des épreuves. Le zéro est éliminatoire en orthographe et en calcul.

Avec ces indications, vous pouvez vous amuser à recréer les conditions de l'examen, comme autrefois. Alors, tous à vos pupitres !

Les sujets d'examens proviennent de dix académies françaises en 1954. Les corrigés partiels des épreuves d'examens ont été reproduits à l'identique des annales du musée de l'école rurale d'Auvergne.
Les anciens francs sont l'unité monétaire utilisée dans les exercices de calcul, le nouveau franc n'ayant été mis en circulation qu'au 1er janvier 1960.

Les épreuves d'examens

RÉDACTION.

I. Au cours d'une promenade à bicyclette, vous avez perdu votre portefeuille. Écrivez à la gendarmerie ou au commissariat de police pour signaler cette perte.

II. Un petit chat s'amuse devant la porte avec un objet léger. Survient un jeune chien qui veut prendre part au jeu. Décrivez la scène et dites comment elle se termine.

DICTÉE.

Le premier feu, vu par la chatte.

Feu ! Te voici revenu, plus haut que mon souvenir, plus cuisant et plus proche que le soleil ! Feu ! que tu es *splendide ! Par pudeur,* je cache ma *joie* de *te* revoir, je ferme à demi mes yeux où la lumière amincit ma prunelle. Mon ronron discret se perd dans ton crépitement. Ne *pétille* pas trop, ne crache pas d'étincelles sur ma fourrure ; sois *clément,* feu varié, que je puisse t'adorer sans crainte...

Je sais, puisque je suis chat, tout ce qui vient derrière toi, feu. Je prévois l'hiver que j'accueille d'une âme inquiète, mais non sans plaisir. En son honneur, déjà ma robe croît et s'embellit. Mes rayures *brunes* deviennent *noires* et le poli de mon ventre passe en beauté tout ce qui s'est vu jamais.

COLETTE.

QUESTIONS.

La chatte est-elle contente ? Quels sont les détails qui le montrent ? Pourquoi les rayures *brunes* deviennent-elles *noires ?*

Expliquez : *clément* (employez ce mot dans une phrase) ; *pétiller.*

Analysez : *splendide* ; *joie* ; *te* (revoir) ; *par pudeur.*

CALCUL.

I. Un ouvrier travaille 8 heures par jour et gagne 140 F par heure. Il ne travaille ni le samedi, ni le dimanche et dépense en moyenne 650 F par jour. Au bout de combien de semaines aura-t-il économisé la somme nécessaire pour acheter une bicyclette à moteur valant 46000 F ?

L'indicateur me donne les renseignements suivants sur les 7 trains de voyageurs circulant entre Paris et Chaumont :
Départ Paris : 7h45 ;
7h50 ;
12h05 ;
18h20 ;
18h22 ;
22h15 ;
22h45.

Arrivée à Chaumont: 10h23;
11h44;
15h38;
21 heures;
22h10;
1h34;
2h11.

Quel est le plus rapide? le moins rapide?
Quelle est la vitesse moyenne du plus rapide?
(Distance Paris-Chaumont: 269 km).

SCIENCES.

I. Comment se forment les vents? Quels sont les vents dominants de votre région? Quel instrument en indique la direction? (Description).

II. Vous avez mis des haricots à germer. Ils ne germent pas. Indiquez toutes les raisons qui peuvent empêcher ou retarder cette germination.

HISTOIRE ET GÉOGRAPHIE.

I. À quelle occasion les Français découvrent-ils la Renaissance italienne? Citez deux châteaux construits en France à l'époque de la Renaissance.

En quoi le château de la Renaissance diffère-t-il du château féodal ?

II. Quels sont les mouvements de la mer ?
Qu'appelle-t-on flux ou reflux ?
Citez un courant chaud et un courant froid au nord de l'équateur.

CALCUL MENTAL.

I. Une voiture parcourt 125 km, puis 84 km.
Distance parcourue ?

II. Prix de 750 g de viande à 480 F le kg.

III. J'achète 4 paquets de cigarettes à 115 F.
Que me rendra-t-on sur 1000 F ?

IV. Je pars à 7 h 35. J'arrive à 8 h 20. Durée du trajet ?

V. Combien paierai-je un objet de 950 F si j'ai 10 % de remise ?

Corrigé page 54

RÉDACTION.

I. La route boueuse est couverte d'ornières et de flaques d'eau. Voici des passants endimanchés qui vont vers le village. Arrive une automobile à vive allure… Imaginez la suite.

II. Votre grand frère (ou un cousin, ou un parent) fait son service militaire au loin. Vous lui écrivez pour lui demander des nouvelles de sa santé, de ses occupations, et lui en donner de votre famille et de votre entourage…

DICTÉE.

L'éléphant.

L'éléphant est une bête intelligente *qui* a une mauvaise vue, mais une ouïe très fine et surtout un odorat d'une finesse *incroyable*. Quand vous approchez, il faut être certain que le vent vient sur *vous* car, à la moindre odeur, le chef de bande lance un barrissement comme un coup de klaxon, et toute la bande disparaît, chose presque incroyable, sans faire de bruit. Je n'ai jamais pu arriver à comprendre comment une bête, *dont* le poids atteint et dépasse souvent cinq tonnes, pouvait vous filer sous le nez en pleine forêt dans un silence qui *vous* stupéfie la première fois. Ils se glissent comme des ombres et disparaissent.

C. BERTRAND. *Cameroun.*

QUESTIONS.

I. Décomposez et expliquez le mot : *incroyable.*
Trouvez deux adjectifs formés de la même façon, et employez-les dans une phrase.

II. Pourquoi faut-il que l'odeur vienne sur vous ?
De quelle odeur s'agit-il ?

III. Quel est l'attribut de éléphant dans la première phrase ?
Nature et fonction des mots : *qui ; vous ; dont ; vous.*

CALCUL.

I. On mesure avec une règle graduée le contenu du réservoir d'une camionnette automobile. Ce réservoir a la forme d'un parallélépipède rectangle. La règle est mouillée sur 6 cm. On ajoute 20 l d'essence, la règle est mouillée sur 11 cm, et sur 18 cm quand le réservoir est plein.

1°) Quelle est la contenance du réservoir ?

2°) Avec une consommation de 18 l aux 100 km, quelle distance pourra-t-on parcourir avec le réservoir rempli au départ ?

3°) Pourrait-on utiliser ce même système de mesure pour un réservoir cubique ? cylindrique ? de forme irrégulière (tronc de cône ou de pyramide) ? Pourquoi ?

On pose un carrelage dans une cuisine. Il doit couvrir un rectangle de 2,4 m de long sur 1,2 m de haut. Les carreaux mesurent 15 cm de côté. Ceux du pourtour, qui sont rouges, coûtent 30 F l'un, c'est-à-dire les 125 % du prix des carreaux blancs de l'intérieur. La pose revient à 200 F le m^2.
Quel est le montant de ces travaux ?

SCIENCES.

I. Quelles sont les propriétés du gaz carbonique ?

II.
GARÇONS :
À quoi sert le fil à plomb ? À quoi servent les niveaux ?

FILLES :
Comment feriez-vous pour conserver 3 légumes différents (à votre choix) ?

HISTOIRE ET GÉOGRAPHIE.

I. En dix lignes au plus, dites ce que vous savez du château de Versailles.

II. Croquis : la Seine. Ses principaux affluents.
Principales villes arrosées.

Corrigé page 58

RÉDACTION.

I. Aimez-vous ou craignez-vous le vent ? En vous basant sur des exemples vécus, justifiez votre opinion.

II. Une automobile, devant vous, tamponne un cycliste. Écrivez le rapport que l'agent ou le gendarme vous demande et joignez-y un croquis des lieux.

DICTÉE.

Les forêts des Alpes.

La forêt est bien le *véritable vêtement* des Alpes. Le pin, le sapin, le mélèze s'y succèdent et s'y mêlent, serrés. Les troncs vigoureux se dressent verticalement et montent droit vers le ciel. Le vent peut à peine pénétrer dans ces massifs épais. Seuls, les arbres en bordure ou isolés dans la région supérieure, à la limite de la végétation forestière, en reçoivent les furieux assauts. On dirait des athlètes dont les membres robustes, raidis dans des convulsions terribles, ont résisté au poids des neiges, à la poussée des avalanches, aux écroulements des rochers, aux rafales du vent. Ils ont perdu leur parure de feuilles et leurs rameaux, mais ils ont gardé leurs *squelettes foudroyés*, leurs troncs de colosses, leurs muscles noueux, et leur ossature formidable continue à braver, victorieuse, toutes les tempêtes.

CHARLES LENTHÉRIC. *L'homme devant les Alpes.*

QUESTIONS.

I. À quoi sont comparés les arbres de la lisière de cette forêt? Relevez les expressions qui expriment cette comparaison.

II. Expliquez: *vêtement des Alpes; squelettes foudroyés.*

III. Nature et fonction des propositions de la phrase:
On dirait... rafales du vent.

CALCUL.

I. Une personne riche laisse en mourant sa fortune qui doit être partagée entre les familles de plus de 3 enfants du village, proportionnellement au nombre des enfants. Le village comporte une famille de 9 enfants, une famille de 7 enfants, trois familles de 6 enfants, quatre familles de 5 enfants et douze familles de 4 enfants. La fortune, après paiement des droits divers, se monte à 6850000,00 F.
Que recevra chaque famille?

II. Dans un terrain rectangulaire dont les dimensions sont 17 m et 30 m, on a creusé un bassin circulaire de 1 m de diamètre et 1,20 m de profondeur. On a étendu uniformément sur le terrain restant la terre enlevée dont le volume a augmenté de 1/7. Calculer l'épaisseur de cette couche à 1 mm près ($\Pi = 3{,}14$).

SCIENCES.

I. Faites un croquis de l'appareil respiratoire.
Indiquez quelques maladies qui peuvent s'y déclarer.

II.
GARÇONS :
Les maisons de votre village sont couvertes de matériaux différents. Dites les avantages et les inconvénients de chacun.

FILLES :
Dans quel ordre apparaissent les dents chez l'enfant ?
Quelle différence y a-t-il entre la dentition de l'enfant et celle de l'adulte ?

HISTOIRE ET GÉOGRAPHIE.

I. La conquête de la Gaule par les Romains.
a) À quelle époque fut-elle achevée et par qui ?
b) Quel chef gaulois organisa la résistance ?
c) Donnez les conséquences de ce fait sur la vie et la civilisation en Gaule.

II. Croquis de la Garonne et de ses affluents.
Indiquez les principales villes arrosées.

DESSIN.

Un chapeau sur une patère.

COUTURE.

Deux fils de fronce. Lettre O au point de croix.

Corrigé page 62

RÉDACTION.

I. Votre parrain (ou votre marraine) vous a promis, si vous étiez reçu au Certificat d'études, de vous offrir un joli livre. Vous lui écrivez, après votre succès, pour lui dire quel livre vous voudriez avoir et pourquoi. Rédigez la lettre.

II. Vous avez assisté à une Fête des Écoles. Décrivez le voyage (s'il y a lieu), le rassemblement, le défilé, etc.

DICTÉE.

Fanchon chez sa grand-mère.

Fanchon se réjouit dans son cœur de passer une journée entière chez sa *grand-maman.* La grand-maman qui, n'ayant plus ni souci ni soin, vit comme un grillon à la chaleur du foyer, se réjouit aussi dans son cœur de voir la fille de son fils, *image de sa jeunesse.* Elles ont beaucoup de choses à se dire. Fanchon se fait expliquer *pour la centième fois* avec un plaisir tout nouveau les curiosités de la maisonnette, les fleurs de papier qui brillent sous un globe de verre, les images peintes où nos généraux en bel uniforme culbutent les ennemis, les tasses dorées *dont* quelques-unes ont perdu *leur* anse et le fusil de grand-père qui demeure suspendu au-dessus de la cheminée à la cheville où il l'accrocha lui-même pour la dernière fois, il y a vingt-cinq ans.

ANATOLE FRANCE.

QUESTIONS.

I. *La grand-maman, n'ayant plus ni souci ni soin, vit comme un grillon à la chaleur du foyer.* Expliquez cette phrase.
Comment comprenez-vous cette expression du texte : *pour la centième fois* ?

II. Analysez grammaticalement : *grand-maman* (première phrase) ; *dont* ; *leur*.
Fonction du groupe de mots : *image de sa jeunesse*.

III. Conjuguez le verbe *se réjouir* aux temps simples de l'indicatif, à la 1re personne du singulier.

CALCUL.

I. Un motocycliste désire assister à une réunion sportive qui a lieu à 50 km de son domicile. Il se propose d'effectuer le trajet à la vitesse moyenne de 40 km par heure. La réunion commencera à 14 h 30 min. À quelle heure doit-il partir s'il désire arriver 1/4 d'heure avant le début de la réunion et s'il prévoit un arrêt de 10 minutes en cours de route ?

II. Sur un plan cadastral au 1/2500, un champ est représenté par un trapèze rectangle dont les dimensions sont :
B = 80 mm, b = 50 mm, h = 40 mm.
1°) Faites le croquis à l'échelle donnée.
2°) Calculez la surface de ce champ.
3°) On construit une route de 7,5 m de large perpendiculaire aux 2 bases et séparant le terrain en 2 parcelles, un carré et un trapèze. Calculez la surface de la route. Quelle est la surface de chacune des 2 parcelles ?

SCIENCES.

URBAINS :

I. Citez deux expériences ou observations qui montrent l'existence de la pression atmosphérique.
Dessinez le schéma de l'appareil qui permet de la mesurer.

II. Quelles sont les fonctions importantes des feuilles ? Citez des faits d'observation ou des expériences se rapportant à l'une de ces fonctions.

RURAUX :

I. Quels soins le fermier doit-il donner au fumier ? Pourquoi ?

II. Quels avantages peut procurer à un cultivateur l'installation de l'électricité dans sa ferme ? Quelles précautions faut-il prendre ?

HISTOIRE ET GÉOGRAPHIE.

I. Citez un monument grec célèbre. Décrivez-le.

II. Citez, en les caractérisant, les principales zones de végétation du continent asiatique.

DESSIN (GARÇONS ET FILLES).

Dans le sens de la longueur de la feuille de dessin, exécutez une frise décorative de 6 cm de large, décorée avec des fleurs et des papillons ou des bateaux à voile, ou tout motif possible au choix des candidats.

Corrigé page 66

RÉDACTION.

I. Un de vos amis qui habite Paris vous écrit pour vous demander des nouvelles de ses grands-parents dont la maison est voisine de la vôtre. Répondez-lui en lui donnant tous renseignements utiles sur la santé et les occupations de ces vieillards.

II. Depuis longtemps, votre père désirait acheter ou louer un jardin. Enfin son désir se réalise. La famille se réjouit et fait des projets. Vous-même en êtes très heureux. Racontez tout cela.

DICTÉE.

Une villa au bord de la mer.
Un petit mur bas, épais, de briques jaune pâle et de pierres blanches, surmonté d'une grosse barre de *bois* rouge vif, séparait la *villa* de l'avenue. Une allée de gravier blanc contournait une vaste pelouse fine, *perpétuellement* mouillée de pluie légère par une arroseuse mécanique qui tournait lentement. Des *corbeilles* de rosiers, de jonquilles et de géraniums s'épanouissaient çà et là, *encadraient* la demeure blanche d'une *floraison éclatante.* Et les pins vert sombre faisaient à la claire demeure *un fond de forêt méditerranéenne,* au-dessous d'un ciel bleu vif balayé par le vent de mer. Les promeneurs en passant s'arrêtaient pour regarder une minute la villa et rêver aux gens heureux qui vivaient là.

MAX VAN DER MEERSCH.

QUESTIONS.

I. Expliquez : une villa ; *une floraison éclatante ; un fond de forêt méditerranéenne.*

II. Pourquoi dit-on que des *corbeilles de rosiers… blanche ?* Décomposez le mot *encadrer* et citez 5 mots formés de la même manière.

III. Analysez les mots : *bois ; villa ; perpétuellement ; corbeilles.*

CALCUL.

I. Une prairie rectangulaire mesure 260 m sur 105 m. On veut lui apporter 150 kg d'acide phosphorique à l'ha. L'engrais utilisé renferme 18 % de son poids d'acide phosphorique. Combien de sacs de 50 kg de cet engrais doit-on commander ?

II. Un propriétaire commande une porte d'écurie qui a la forme d'un rectangle de 1,4 m de large et 1,6 m de haut, surmontée d'un demi-cercle.
a) Dessinez cette porte à l'échelle de 5 cm par m.
b) Calculez sa surface à 1 cm^2 près ($\Pi = 3,14$).
c) La porte est payée 2 400 F le m^2, il faut compter en plus 2 050 F de ferrures et 750 F de peintures.

Quel est le prix de revient de cette porte (arrondir au franc inférieur) ?

SCIENCES.

I. Décrivez ce qui se passe lorsqu'on ouvre le robinet d'un tonneau bien plein et bien bouché. Expliquez ce phénomène.

II. Croquis d'une feuille au choix avec l'indication de ses diverses parties. Quelles sont les fonctions de la feuille ?

HISTOIRE ET GÉOGRAPHIE.

I. Entre quelles dates Richelieu fut-il ministre ? Quelles luttes mena-t-il pour consolider le pouvoir royal et pour accroître la puissance de la France ? Que vous rappelle la date 1648 ?

II. Quelles sont les ressources minières de la plaine d'Alsace ?
Citez trois cultures essentielles de la plaine d'Alsace.
De quoi Strasbourg tire-t-elle son importance ?

Corrigé page 70

RÉDACTION.

I. Vos parents ont commandé un poste de T. S. F. Votre attente, votre joie à l'arrivée du colis. Que fait toute la famille les premiers jours de l'installation du poste à la maison ?

II. Le facteur : son portrait ; son travail. Il est souvent attendu avec impatience ; il est quelquefois messager de malheur. Faites-nous connaître les réflexions que sa vie vous inspire.

DICTÉE.

Le chien aveugle.

Je vous dirais qu'avant d'être aveugle moi-même, j'étais au service d'un homme aveugle. Hier encore, cette ficelle que vous voyez pendue à mon cou me servait à guider mon maître sur les routes et je comprends mieux à présent combien j'ai pu lui être utile. Je le conduisais partout où les chemins sont les meilleurs et les mieux fleuris d'aubépine. Quand nous passions auprès d'une ferme, les fermiers lui donnaient un morceau de pain, me jetaient un os, et, *à l'occasion*, nous couchaient tous les deux dans un coin de leur grange. Souvent aussi nous faisions de mauvaises rencontres et je le défendais.

« C'est que je n'ai pas l'air commode quand je le veux ! »

M. Aymé.

QUESTIONS.

I. Pourquoi le chien comprend-il mieux à présent combien il était utile à son maître ? (3 points).

II. Expliquez : *à l'occasion*.
De quelles mauvaises rencontres veut-on parler ? (3 points).

III. Analysez la phrase :
Quand nous passions auprès d'une ferme... leur grange. (4 points).

CALCUL.

I. Un train omnibus roule à la vitesse de 42 km par heure. Il part à 10 h 42 min du matin et atteint la dernière station à 3 h 18 min du soir. Quelle est la distance de la première à la dernière station ?

II. Un arboriculteur a fait aménager un verger de 50 ares composé de poiriers en cordons verticaux distants de 0,80 m sur les lignes et 2,50 m entre les lignes, soit 2 400 sujets. La plantation est revenue à 90 000 F (arbres, fil de fer, etc.)

Ce verger a fourni la 5e année 1200 kg de fruits extra vendus 50 F le kg, 2600 kg de fruits moyens vendus 36 F le kg et 600 kg de fruits passables vendus 12 F le kg. Les frais de cueillette et d'expédition se sont élevés à 96000 F.

Calculez :

1°) Le capital engagé jusqu'à la production en tenant compte des frais de culture, soit 18000 F par an à partir de la 2e année comprise ;

2°) Le produit de la vente de la 5e année ;

3°) Le revenu annuel moyen produit par le verger depuis la plantation et le taux de ce revenu.

SCIENCES.

GARÇONS :

Dessinez une pince universelle.

FILLES :

Le détachage : une tache de graisse sur un tissu de laine ; une tache de rouille sur un drap.

HISTOIRE ET GÉOGRAPHIE.

I. Citez deux grands hommes de la Révolution.
Que savez-vous de chacun d'eux.

II. De Marseille au Japon. Mers et océans traversés.

Corrigé page 74

RÉDACTION.

I. On vous a donné une petite somme d'argent pour votre anniversaire ou votre fête en disant: « Tu en feras ce que tu voudras. » Racontez comment vous avez employé cette somme et quelles satisfactions vous avez éprouvées.

II. Un de vos camarades qui habite la ville voisine vous a écrit et demandé si votre école est belle et si vous vous y trouvez bien. Répondez-lui.

DICTÉE.

Au champ de foire.

Les marchands tournaient autour des bêtes. Ils vinrent faire leur bruit autour des bœufs nantais; mais c'était faux jeu; tous couvaient de l'œil la belle paire limousine. En passant, sans parler à Sicot, ni faire mine de s'intéresser à rien, ils jetaient des caresses savantes, visant les maniements. *Survint* un petit *vieux* ganté, à *l'allure de rentier.* Il ne toucha point les bœufs, son regard s'arrêta seulement sur les bêtes un *instant* et il vint près de *Sicot*. « Ces bœufs sont-ils à vendre? » demanda-t-il poliment. Le bonhomme, de *belle humeur*, répondit: « Sûrement, je ne les ai pas amenés ici pour les donner. Eh bien! mon ami, quel est votre prix? » Sicot n'avait pas hâte de vendre. Il voulait d'abord montrer ses bêtes. Sûr de sa marchandise, il pouvait attendre et *voir venir.*

ERNEST PÉROCHON.

QUESTIONS.

I. Expliquez, d'après les deux premières phrases, *la manœuvre des acheteurs.*

II. Que signifient dans la dictée les mots suivants : *l'allure de rentier ; belle humeur ; voir venir.*

III. a) À quel temps est dans la dictée le verbe *survenir ?*
b) Analysez : *vieux* ; *instant* ; *Sicot*.

CALCUL.

I. J'achète à crédit une automobile de 750 000,00 F. Je verse 250 000 F à la commande. Le reste augmenté des intérêts calculés à 6 % sera payé 6 mois plus tard.
Calculez :
1°) Le montant de ce dernier versement (5 points).
2°) Le prix de revient total de la voiture (3 points).

II. Une piste pour courses cyclistes est représentée sur un plan au 1/2 500 par une circonférence de 84 mm de diamètre.
1°) Quel est le périmètre réel de la piste ? (4 points).
2°) Les coureurs devront faire 100 fois le tour de la piste. Si leur vitesse était de 36 km/h, quelle serait la durée de la course ? (4 points).

3°) Le départ est donné à 14 h 45 min et le premier coureur est arrivé à 16 h 43 min. Quelle a été la durée de la course pour ce coureur et quelle a été sa vitesse moyenne à l'heure ? (4 points).

SCIENCES.

I. Décrivez une expérience simple montrant l'existence de la pression atmosphérique. Expliquez le fonctionnement du compte-gouttes.

II. On soumet régulièrement les élèves à la cuti-réaction. En quoi consiste cette pratique ? Que signifie une cuti-réaction positive ? Un adulte et un enfant ont tous les deux une cuti-réaction positive. Quel est celui qui devra être tout particulièrement surveillé par le médecin ? Pourquoi ?

HISTOIRE ET GÉOGRAPHIE.

I. Combien de temps dura la domination romaine en Gaule ? Quels travaux accomplirent les Romains dans notre pays ? Nommez-en de beaux vestiges que l'on peut admirer aujourd'hui.

II. Indiquez deux régions montagneuses des États-Unis. Citez quatre grandes villes et la région productrice de coton.

III. Quel rang occupent les États-Unis dans la production mondiale de pétrole ?

COUTURE.

Une boutonnière à deux brides. Lettre A au point de croix sur toile.

DESSIN.

Dessinez le développement d'un cylindre (périmètre de base du cercle : 22 cm ; hauteur du cylindre : 12 cm).
Construisez le cylindre.

Corrigé page 78

RÉDACTION.

I. Deux enfants de votre âge marchent en devisant sur une belle route… Une moto passe à grande allure… file… disparaît. — « Ah ! dit l'un des enfants, plein d'admiration et d'envie, quand je serai grand, j'en aurai une… J'irai vite ! » Son camarade lui répond : « Mon papa m'a dit qu'il ne me permettrait jamais d'acheter une moto… »
Continuez la conversation de ces deux enfants et donnez votre avis.

II. Un camarade d'une autre région de la France vous écrit et vous demande des précisions sur la manière dont votre mère prépare un plat provençal. Vous lui répondez en lui donnant toutes les explications nécessaires.

DICTÉE.

Dans les ruines d'une ville bombardée.
Les quartiers du centre et de la gare étaient anéantis. *La population se reprenait à vivre*. On sortait des caves, on courait voir l'incendie et la dévastation. La ville était pleine de poussière rouge des écroulements. *Vers la gare et le théâtre*, on distinguait maintenant un vaste espace libre comme un champ de bataille, où çà et là, *de grands squelettes noirs* de pierre et de fer s'élevaient, sinistres, avec leurs fenêtres ouvertes sur le vide et l'incendie.

Les pompiers de fortune faisaient la chaîne. Et l'on découvrait tout à coup, sous le casque, le visage noirci d'un ami.

VAN DER MEERSCH.

QUESTIONS.

I. Citez trois détails du texte qui montrent que cette ville avait souffert des bombardements. (3 points).

II. Expliquez: *la population se reprenait à vivre; des pompiers de fortune faisaient la chaîne.* (4 points).
a) Fonction des groupes de mots: *vers la gare et le théâtre; de grands squelettes noirs* (2 points).
b) Quel est le complément d'objet direct du verbe *découvrait*? (1 point).

CALCUL.

I. Un marchand de primeurs de Marseille va acheter des fraises dans le Vaucluse. Il les paie sur place 125 F le kg et il les transporte lui-même à l'aide d'une camionnette qui consomme 8 litres aux 100 km. Il achète 25 cageots de 8 kg chacun.
Sachant que l'essence coûte 65 F le litre et qu'il a parcouru dans la journée 250 km, quel est le prix de revient d'un cageot de fraises?

II. Je veux repeindre les murs et le plafond de ma salle de bains qui mesure 3 m sur 2,20 m et a 3,40 m de hauteur. Elle est percée d'une porte de 2 m sur 1 m et d'un vasistas de 80 cm sur 30 cm.

1°) Quelle est la surface à peindre?

2°) La peinture que j'utilise couvre 7,2 m² au kg et je paie 175 F la boîte de 500 g pour la première couche et 225 F la boîte de 500 g pour la deuxième couche.
Combien devrai-je acheter de boîtes de chaque sorte (les boîtes ne se détaillent pas)?

3°) Quelle sera la dépense totale?

SCIENCES.

I. Dessinez en marquant la graduation avec soin:

1°) un thermomètre à mercure;

2°) un thermomètre médical.

Pourquoi ce dernier présente-t-il un étranglement au-dessus du réservoir?

II.

ÉCOLES URBAINES :

Quelle est l'action de l'alcool sur le cœur, les artères, le sang, les poumons ?

ÉCOLES RURALES :

Pourquoi dit-on que les plantes vertes assainissent l'air ?
Pourquoi une plante privée de ses feuilles dépérit-elle ?
Pourquoi et comment le jardinier fait-il blanchir ses salades ?

HISTOIRE ET GÉOGRAPHIE.

I. Citez les principales inventions et découvertes des XIXe et XXe siècles qui ont transformé la manière de vivre.

II. Pourquoi le Rhône est-il le plus montagnard et le plus abondant de nos fleuves ? Son cours est-il navigable ? Peut-on l'utiliser ? Comment ?

III. Croquis du Rhône : indiquer la source, les affluents, les villes arrosées, les barrages.

Corrigé page 82

RÉDACTION.

I. Toute la famille doit se rendre à une fête. On se prépare. Chacun se met en grande toilette. Votre maman, avant le départ, passe en revue tout le monde. Racontez.

II. Une de vos voisines qui élève quelques lapins, quelques poules, s'est absentée pour trois mois. Vous vous êtes chargé, d'accord avec elle, de soigner ses bêtes. Vous lui écrivez au bout de quelque temps pour lui rendre compte de votre mission.

DICTÉE.

Le fondeur de cloches.

Le *croc*, par l'anse centrale, soulevait la cloche, et l'ouvrier avait sa première joie quand, en montant et déjà aérienne, la cloche gardait sa verticale absolue. Si elle était *parfaite*, au bout de quelques secondes, la cloche, subissant l'appel des câbles, se mettait à tourner doucement, insensiblement, puis revenait.

Enfin venait *la suprême épreuve*. Le fondeur saisissait une masse énorme, un marteau qui ne servait qu'à cela, plus gros qu'une brique et pesant quarante livres ; puis d'un choc aussi léger qu'une piqûre, il *animait la cloche*, et de toute son âme écoutait. Si le son était juste, on ne faisait plus rien en ce jour-là. Mais si *quelque trahison du métal* avait faussé la note, sans une hésitation, le marteau, lancé à tour de bras, frappait au dôme et la cloche mourait fracassée.

La Varende.

QUESTIONS.

I. Relevez trois détails du texte prouvant que cet ouvrier aime son métier.

II. Expliquez les expressions : *la suprême épreuve ; il animait la cloche ; quelque trahison du métal.*

Donnez la fonction des mots : *croc ; parfaite ; épreuve ; on.*

CALCUL.

I. La partie intérieure d'un terrain de sports est fermée d'un rectangle de 112 m de longueur sur 96 m de largeur avec un demi-cercle à chaque extrémité, sur chacune des deux largeurs. Elle est entourée d'une piste de 5 m de largeur. Trouvez la longueur intérieure et la longueur extérieure de cette piste. Faites le croquis de cette piste.

II. Un ouvrier gagne 156 F de l'heure. Il travaille 48 heures par semaine, mais chaque heure, après la 45e, est payée 25 % de plus. Sur son salaire, payé par quinzaine, on lui retient 6 % pour la Sécurité sociale.

1°) Calculez la somme nette remise à l'ouvrier à la fin de la quinzaine.
2°) Sachant qu'il y a 52 semaines dans l'année, quel est son gain net annuel ?
3°) Cet ouvrier paie 9000 F par mois pour sa nourriture et 1500 F par mois pour sa chambre. De quelle somme peut-il disposer par an ?
4°) On lui propose un autre emploi où il gagnerait 29000 F par mois, mais il serait logé gratuitement et ne paierait sa nourriture que 200 F par jour. L'année ayant 365 jours, quel serait l'emploi le plus avantageux ?
De combien ?

SCIENCES.

I. Accidentellement, votre camarade s'est coupé une artère au bras. Le sang sort. Comment ? Que faut-il faire en attendant le médecin ?

II.

GARÇONS RURAUX :

Quel est le but des drainages ? Citez les différents moyens que vous connaissez pour drainer un sol de culture.

GARÇONS MARITIMES :

Dessinez les différentes phases de la lune.
Quelles phases correspondent aux plus fortes marées ?

GARÇONS URBAINS :
Action de l'alcool sur l'organisme humain.

FILLES :
Comment combattre la constipation chez un bébé ?
Si le bébé est nourri au sein, quelles précautions doit prendre la maman ?

HISTOIRE ET GÉOGRAPHIE.

I. Quelle fut l'attitude de Henri IV, de Richelieu et de Louis XIV vis-à-vis des protestants ?

II. La Loire. Est-ce un fleuve régulier ou irrégulier ?
Pourquoi ?
Est-elle navigable ? Pourquoi ?

Corrigé page 86

RÉDACTION.

I. Décrivez le chemin que vous parcourez tous les jours pour aller en classe et dites ce qui se passe dans la cour de récréation avant la rentrée en classe.

II. Vous avez quitté votre famille pour aller passer quelques jours chez des parents ou dans une colonie de vacances. Écrivez à vos parents pour leur donner de vos nouvelles. Dites quelles sont vos principales occupations de la journée.

DICTÉE.

Le retour du troupeau.

Le temps va bientôt changer. Du côté des Alpes, parfois un nuage se lève, lointain, volumineux. Il reste longtemps immobile et, chaque jour, il grandit un peu, au bord du ciel. Déjà, les troupeaux ont quitté la montagne.

Ils arrivent dans le fond, par le ravin, et gravissent la pente. On les entend venir de loin. Les bêlements des agneaux, l'aboi des chiens montent vers le col, avant qu'on ait vu le troupeau. On entend tinter les grelots légers ou les cloches lentes, pendant que le berger parle, on ne sait où, à haute voix, pour appeler les chiens, *enivrés* par l'air vif et *l'odeur sauvage* de la montagne. Le piétinement des moutons sur le tapis de feuilles mortes annonce l'approche du troupeau.

D'après HENRI BOSCO.

QUESTIONS.

I. À quoi voit-on que le temps va changer ? Pourquoi les troupeaux quittent-ils la montagne ?
(2 pts + 2 pts).

II. Expliquez dans le texte : *enivrés ; l'odeur sauvage.*
(1 pt + 1 pt).

III. Écrivez la première phrase en mettant le verbe à l'imparfait. Exprimez la même idée par un seul verbe au futur.
(2 pts + 2 pts).

CALCUL.

I. Une bouteille de butane pèse 23,720 kg. Vide, elle pèse 10,720 kg. Un litre de gaz pèse 2,6 g. Une ménagère utilise 3 heures par jour son réchaud qui consomme en moyenne 25 l à l'heure.
On demande :
1°) À combien revient la dépense journalière en gaz si la bouteille coûte 1 275 F ?
2°) À quelle date sera épuisée une bouteille que l'on met en usage le 27 juin au matin ?

II. Trois cultivateurs ont acheté en commun une faucheuse pour 180000,00 F. Ils partagent également la construction d'un petit hangar-remise qui coûte 66000,00 F.
Que paie chacun d'eux?

Pour l'entretien annuel de la machine, ils décident de répartir chaque année les frais d'après la surface fauchée par chacun d'eux. Le premier a fauché 2,97 ha, le deuxième 317 ares et le troisième 18600 m^2. L'année dernière, les frais se sont élevés à 12000,00 F.
Qu'a dû payer chacun d'eux?
(Conseil: la répartition des frais est facile si l'on songe au calcul du montant des frais pour 1 hectare de surface fauchée.)

SCIENCES.

I. Citez les diverses sortes de baromètres et précisez les avantages et inconvénients de chacune d'elles.

II. Expliquez avec précision trois moyens pour rendre pratiquement une eau potable.

HISTOIRE ET GÉOGRAPHIE.

I. Que savez-vous sur ce qu'on a appelé la Réforme ?

II. De quels pays la France fait-elle venir :
le charbon ; le pétrole ; le coton ; la pâte à papier et le bois de construction ; la laine ?

DESSIN.

FILLES ET GARÇONS :
À l'aide de 3 crayons de couleur, coloriez en dégradant et en partant de la base un triangle de 5 cm de base et 5 cm de hauteur, la pointe tournée vers le bas.

Corrigé page 90

Les corrigés

Dictée :

1.

La chatte est contente :

que tu es splendide ; je cache ma joie ; t'adorer ; l'hiver que j'accueille non sans plaisir.

Les rayures brunes deviennent noires car le poil du chat est plus dur, plus épais et paraît ainsi plus foncé.

2.

clément :

ici, bon, prévenant. (Ordinairement, ce mot signifie : qui pardonne les torts qu'on lui a faits : « Auguste fut clément envers Cinna ») pétiller :

brûler en faisant entendre un crépitement qui projette des étincelles.

3.

splendide :

adjectif qualificatif, attribut de tu, masculin singulier.

joie :

nom commun, féminin singulier, complément d'objet direct de cache.

te :

pronom personnel, 2e personne du singulier, complément d'objet direct de revoir.

par pudeur :

expression adverbiale, complément de cause de cache.

Calcul :

1.

Économie par semaine :

(140 × 8 × 5) − (650 × 7) = 1 050 fr.

Nombre de semaines :

46 000 : 1 050 = 44 semaines.

2.

Plus rapide (le 1er) :

10h 23 min − 7h 45 min = 2h 38 min.

Moins rapide (le 2e) :

11 h 44 min − 7 h 50 min = 3 h 54 min.

Vitesse du plus rapide :

(269 × 60) : 158 = 102 km/h, par défaut.

Calcul mental :

1. 209 km.

2. 360 francs.

3. 540 francs.

4. 45 minutes.

5. 855 francs.

Dictée :

1.

Incroyable est formé de la racine croire, du suffixe able qui indique la possibilité et du préfixe in-, négatif.

incroyable : qu'on ne peut pas croire.

Ce coureur est imbattable.

Nous avons rencontré des difficultés insurmontables.

2.

Il s'agit de l'odeur de la personne qui approche ; si le vent qui souffle apporte l'odeur de la personne à l'éléphant, celui-ci la distingue très vite et disparaît.

3.

bête :

attribut de éléphant.

qui :

pronom relatif, sujet de a.

vous :

pronom personnel, complément circonstanciel de lieu de vient.

dont :

pronom relatif, complément du nom de poids.

vous :

pronom personnel, complément d'objet direct de stupéfie.

Calcul :

1.

Différence de hauteur pour 20 l : 5 cm, soit 1 cm pour 4 l.

Contenance du réservoir : 72 l.

Distance parcourue avec le réservoir plein : 400 km.

On utiliserait une règle graduée également avec un réservoir cubique ou cylindrique, mais pas avec un réservoir en tronc de cône ou de pyramide : il faut que la section ait partout la même surface.

2.

Nombre de carreaux rouges :

8 + 8 + 14 + 14 = 44.

Nombre de carreaux blancs :

$14 \times 6 = 84.$

Prix d'un carreau blanc :

$(30 \times 100) : 125 = 24$ *francs.*

Prix de la main d'œuvre :

$200 \times 2{,}4 \times 1{,}2 = 576$ *francs.*

Montant total des travaux :

$576 + (30 \times 44) + (24 \times 84)$

$= 3\,912$ *francs.*

Dictée :

1.

Les arbres de la lisière de la forêt sont comparés à des athlètes :

athlètes dont les membres robustes ; troncs de colosses ; muscles noueux ; ossature formidable.

2.

vêtement des Alpes :

ce qui revêt, ce qui recouvre les montagnes : les forêts jouent sur les Alpes le même rôle qu'un habit sur un corps humain.

squelettes foudroyés :

troncs frappés par la foudre : les arbres dépouillés de

leurs branches et touchés par l'orage ressemblent, dans leur nudité, à des squelettes desséchés.

3.

On dirait des athlètes :
proposition principale.

dont les membres... ont résisté... du vent :
proposition subordonnée relative, complément de l'antécédent athlètes.

Calcul :

1.

Nombre total d'enfants : 102 enfants.

Part d'un enfant :

6 850 000 : 102 = 67 156,86 francs.

La famille de 9 enfants recevra :

67 156,86 X 9 = 604 412 francs (arrondis au franc supérieur).

Celle de 7 :

470 098 francs.

Chaque famille de 6 enfants :

402 941 francs.

Chaque famille de 5 enfants :

335 784 francs.

Chaque famille de 4 enfants :

268 627 francs.

2.

Volume du bassin :

$0,5 \times 0,5 \times 3,14 \times 1,2 = 0,942 \, m^3$.

Volume de la terre enlevée :

$(0,942 \times 8) : 7 = 1,076 \, m^3$.

Surface à recouvrir de terre :

$(17 \times 30) - (0,5 \times 0,5 \times 3,14)$

$= 509,215 \, m^2$.

Épaisseur de lu terre :

$1,076 : 509,215 = 0,002$ *m soit 2 mm.*

Dictée :

1.

La grand-mère vit seule ; elle n'a plus le souci des enfants, du travail ; elle n'a plus personne à soigner qu'elle-même ; elle n'est donc plus très active et, à cause de son âge, elle recherche la chaleur et ne quitte guère sa place près de la cheminée.

pour la centième fois :
expression exagérée pour dire que l'enfant redemande toujours les mêmes explications à sa grand-mère.

2.

grand-maman :
nom composé, féminin singulier, complément indirect de lieu de passer.

dont :
pronom relatif, ayant pour antécédent tasses, féminin pluriel, complément du pronom quelques-unes.

leur :
adjectif possessif, se rapporte à anse, féminin singulier.

image de sa jeunesse :
apposition à fille de son fils.

3.
je me réjouis (présent)
je me réjouissais (imparfait)
je me réjouis (passé simple)
je me réjouirai (futur simple)

Calcul :

1\.
Durée du parcours :
En 1 heure, c'est-à-dire en 60 minutes, il parcour
40 km.

Pour effectuer 50 km, il lui faut :
(60 × 50) : 40 = 75 min, c'est-à-dire
1h 15 min.

Heure de départ :
14h 30 min − 1h 15 min − (15 min
+ 10 min) = 12h 50 min.

2.

Dimensions réelles :

$B = 80 \times 2\,500 = 200\,000$ mm, 200 m.

$b = 50 \times 2\,500 = 125\,000$ mm, 125 m.

$h = 40 \times 2\,500 = 100\,000$ mm, 100 m.

Surface :

$[(200 + 125) : 2] \times 100 = 16\,250\ m^2$.

Surface de la route :

$7{,}5 \times 100 = 750\ m^2$.

Surface du carré :

$100 \times 100 = 10\,000\ m^2$.

Surface du trapèze :

$16\,250 - 750 - 10\,000 = 5\,500\ m^2$.

Dictée :

1.

Une villa est une maison – généralement de campagne – très agréable, élégante.

floraison éclatante : ici, ensemble des fleurs (ne s'emploie guère avec ce sens) aux couleurs variées et vives, qui frappaient la vue.

un fond de forêt méditerranéenne : les pins vert sombre plantés derrière la villa faisaient un décor, un fond de verdure rappelant les forêts de pins nombreuses sur la côte méditerranéenne.

2.

Les fleurs cultivées autour de la maison rappelaient un encadrement qui entoure une œuvre d'art ; cet encadrement était très agréable à l'œil.

Encadrer est formé de la racine cadre, du préfixe en- signifiant dans et du suffixe –er marquant l'action.

Encadrer = mettre dans un cadre.

Enterrer, encoffrer, engranger, engainer, engouffrer.

3.

bois :

nom commun, masculin singulier, complément du nom barre.

villa :

nom commun, féminin singulier, complément d'objet direct de séparait.

perpétuellement :

adverbe de manière (ou de temps), complément de mouillée.

corbeilles :

nom commun, féminin pluriel, sujet de s'épanouissaient et s'encadraient.

Calcul :

1.

Quantité d'acide nécessaire : 1 ha = 10 000 m^2.

150 × 2,6 × 1,05 = 409,5 kg.

Nombre de sacs d'engrais :

(409,5 × 100) : (18 × 50) = 46 sacs

(par excès).

2.

Surface du rectangle = largeur × hauteur

Surface d'un cercle = π × rayon × rayon

(πR^2)

Surface de la porte :

(1,4 × 1,6) + [(0,7 × 0,7 × 3,14) : 2]

= 3,0093 m^2.

Prix de revient de la porte :

(2 400 × 3,0093) + 2 050 + 750

= 10 022 francs.

Rédaction :

Tous les jours, vers neuf heures du matin, apparaît le facteur de notre village. Dès les premières maisons, i saute lestement de sa bicyclette et ramène vers le devan de son corps son sac de cuir, bourré de lettres et de paquets. Petit, gros, rond, rouge, il a toujours le sourire et le mot pour rire. On dit volontiers qu'il ne refuse jamais un verre de vin, mais il a tant de mal, pauvre homme, surtout l'hiver !

Sur le pas de leur porte, les femmes l'ont guetté et vu de loin. Elles l'attendent, les unes avec indifférence, d'autres avec impatience, certaines avec angoisse. C'est qu'avec son air bon enfant, le facteur apporte souvent la joie, mais aussi parfois le désespoir. Que de larmes ont été versées après son passage !

Que de mauvaises nouvelles, d'avis de décès ont apportés ces petites enveloppes bleues ou jaunes tendues à des mains avides !

Messager du bonheur et du malheur, je t'envie, brave facteur ! Tu es une personnalité de notre village ; tu dispenses la joie, la tristesse ; tu fais un peu les foyers heureux ou malheureux. Tu n'es pas un homme comme les autres ; d'ailleurs, tu portes un beau képi pour qu'on te distingue du commun des mortels. Cher facteur, j'aimerais faire ton métier !

Calcul :

1.

Durée du trajet :

15h 18min − 10h 42min = 4h 36min

= 276 min.

Distance demandée :

(42 × 276) : 60 = 193,2 km.

2.

Capital engagé :

90 000 + (18 000 × 4)

= 162 000 francs.

Produit de la vente de la 5e année :

60 000 + 93 600 + 7 200

= 160 800 francs.

Revenu annuel moyen :

(160 800 – 96 000) : 5 = 12 960 francs,

soit 8 %.

Dictée :

1.

Les acheteurs sont tentés par la belle paire de bœufs limousins, mais pour ne pas rendre leur propriétaire trop exigeant, ils font semblant de s'intéresser à d'autres bêtes ; ils agissent par ruse, ruse dont le vendeur n'est pas dupe.

2.

l'allure de rentier :

à sa mise, à sa tenue, l'homme paraissait être un homme vivant de ses rentes, ne travaillant plus.

belle humeur :

le vendeur était bien disposé, enclin à la plaisanterie.

voir venir :

Sicot n'avait pas besoin d'appeler les acheteurs, il savait qu'on viendrait à lui, qu'il vendrait sûrement ses bêtes à un bon prix.

3.

a) survenir est au passé simple de l'indicatif.

b) vieux : nom commun, masculin singulier, sujet de survint.

instant :

nom commun, masculin singulier, complément de temps de s'arrêta.

Sicot :

nom propre, masculin singulier, complément indirect de lieu de vint.

Calcul :

1.

Somme restant à payer :

750 000 − 250 000 = 500 000 francs.

Valeur du 2e versement :

500 000 + [(500 000 × 6)

: (100 × 2)] = 515 000 francs.

Prix de revient total :

250 000 + 515 000 = 765 000 francs.

2.

Diamètre réel de la piste :

84 × 2 500 = 210 000 mm = 210 m.

Périmètre de la piste (2 π R) :

210 × 3,14 = 659,40 m.

Distance à parcourir :

659,40 × 100 = 65 940 m

= 65,940 km.

Durée de la course :

65,940 : 36 = 1h 49 min 54 s.

Durée de la course du meilleur coureur :

16h 43 min − 14h 45 min = 1h 58 min.

Vitesse moyenne à l'heure :

(65,94 × 60) : 118 = 33,528 km/h.

Dictée :

1.
Les quartiers du centre et de la gare étaient anéantis ; on courait voir l'incendie et la dévastation ; poussière rouge des écroulements ; grands squelettes noirs de pierre et de fer, etc.

2.
La population se reprenait à vivre :
dès que les avions ennemis s'étaient éloignés, les rescapés sortaient de leur cave, allaient voir les dégâts, redevenaient des êtres curieux, bavards, actifs.

Les pompiers de fortune faisaient la chaîne :
des rescapés luttaient contre les incendies allumés par les bombes, en faisant passer de main en main des seaux d'eau.

3.

vers la gare et le théâtre :
complément indirect de lieu de distinguait.

de grands squelettes noirs :
sujet de s'élevaient.

Le complément d'objet direct de découvrait est visage noirci d'un ami.

Calcul :

1.

Dépense en essence :

$(65 \times 8 \times 250) : 100 = 1\,300$ francs.

Prix de revient d'un cageot :

$(125 \times 8) + (1300 : 25)$

$= 1\,052$ francs.

2.

Surface à peindre :

$(3 \times 2{,}2) + [(3 + 2{,}2) \times 2 \times 3{,}4]$

$- 2 - 0{,}24 = 39{,}72\ m^2$.

Nombre de boîtes de chaque sorte :

(39,72 × 2) : 7,2 = 12 (par excès).

Dépense totale :

(175 × 12) + (225 × 12)

= 4 800 francs.

Dictée :

1.

L'ouvrier avait sa première joie ; venait la suprême épreuve ; de toute son âme écoutait.

2.

la suprême épreuve :

l'épreuve la plus importante ; l'opération par laquelle l'ouvrier se rendait compte de la valeur du son de la cloche.

il animait la cloche :

il la faisait vibrer, rendre un son.

quelque trahison du métal :
quelque défaut survenu pendant la coulée du métal (fente, paille, bulles d'air, etc.)

3.

croc : sujet de soulevait.

parfaite : attribut de elle.

épreuve : sujet de venait.

on : sujet de faisait.

Calcul :

1.

Longueur intérieure de cette piste :

(112 X 2) + (96 X 3,14)

= 525,44 m.

Longueur extérieure :

(112 X 2) + (106 X 3,14)

= 556,84 m.

2.

Gain brut par quinzaine :

(156 X 90) + [(156 X 125 X 6) : 100] = 15 210 francs.

Somme nette remise :

(15 210 X 94) : 100 = 14 297 francs.

Gain net annuel :

14297 X 26 = 371 722 francs.

Somme dont il peut disposer :

371 722 – (9 000 X 12)

– (1 500 X 12) = 245 722 francs.

Gain net dans le deuxième emploi (le versement pour la sécurité sociale étant obligatoire) :

(29 000 X 12 X 94) : 100

= 327 120 fr.

Somme dont il disposerait :

327 120 – (200 X 365) = 254 120 fr.,

soit un avantage de 8 398 francs.

Dictée :

1.

On voit que le temps va changer car des nuages apparaissent du côté des Alpes, et chaque jour ils grandissent un peu.
Les troupeaux quittent la montagne car la mauvaise saison approche, l'hiver ne tardera pas à venir.

2.

enivrés :

excités, rendus comme ivres, courant de tous côtés.

l'odeur sauvage :

le parfum des plantes qui poussent spontanément dans la montagne, et dont certaines ont une odeur pénétrante.

3.

Le temps allait bientôt changer.

Le temps changera.

Calcul :

1.

Poids de butane dans la bouteille :

23,720 − 10,720 = 13 kg.

Volume de ce butane gazeux :

13 : 0,0026 = 5000 l.

Dépense journalière :

(1275 × 25 × 3) : 5000

= 19,12 francs.

Durée de la bouteille :

5000 : 75 = 66 jours 2/3 ; elle sera vide le 1er septembre après 2 heures de chauffage (4 jours en juin, 31 en juillet, 31 en août).

2.

Somme payée par chacun d'eux :

(180 000 + 66 000) : 3 = 82 000 francs.

Part de frais pour 1 ha :

12000 : (2,97 + 3,17 + 1,86)

= 1 500 francs.

Part de frais du 1er :

1 500 × 2,97 = 4 455 francs.

Part de frais du 2e :

1 500 × 3,17 = 4 755 francs.

Part de frais du 3e :

1 500 × 1,86 = 2 790 francs.